DÉBUT D'UNE SÉRIE DE DOCUMENTS
EN COULEUR

Ah! la Gui... la Gui...
la Guillotière !

Revue locale en DEUX Tableaux

Par MM. Raoul CINOH, Victor GOURRAUD et F. VERDELLET

Musique nouvelle

et arrangée par M. Alfred PATUSSET

Airs Chantés dans la Revue

REPRÉSENTÉE POUR LA PREMIÈRE FOIS

à l'Eldorado de Lyon

Le 27 Juillet 1894

SIXIÈME MILLE

LYON
IMPRIMERIE LÉON DELAROCHE ET Cⁱᵉ
10, PLACE DE LA CHARITÉ, 10

1894

CONSTRUCTION
de
BICYCLETTES

TANDEMS & TRICYCLES

H. ROY & PATAY

102, rue Masséna, 102

Rue Moncey et rue Louis-Blanc

LYON

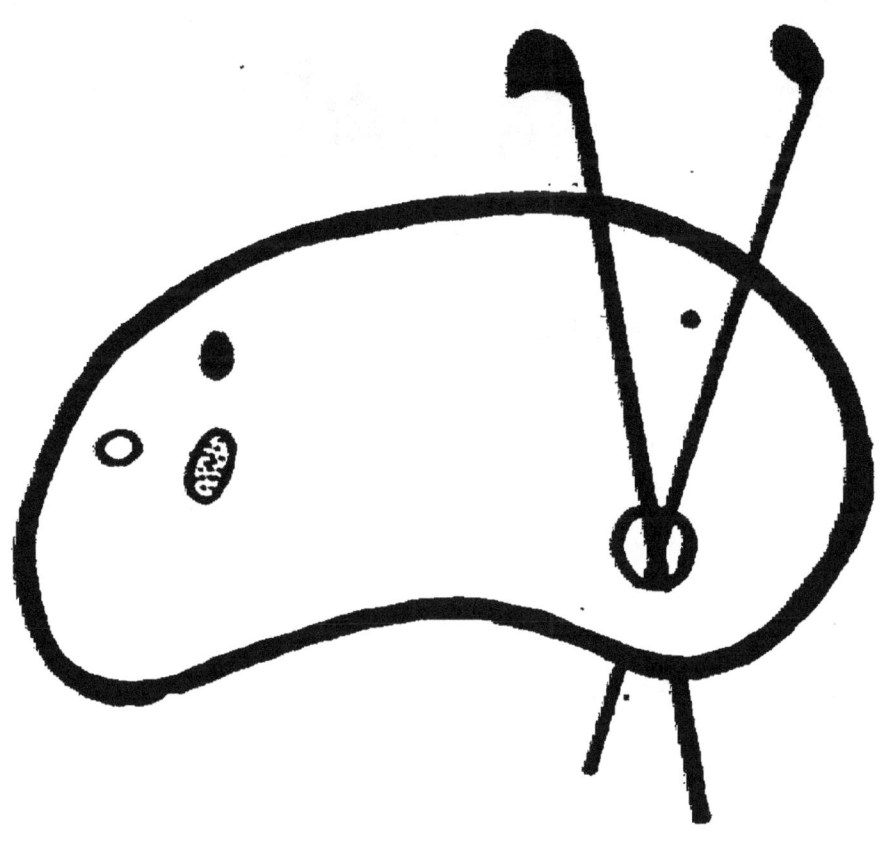

FIN D'UNE SERIE DE DOCUMENTS
EN COULEUR

Ah! la Gui... la Gui... la Guillotière !

Revue locale en DEUX Tableaux

Par MM. Raoul CINOH, Victor GOURRAUD et F. VERDELLET

MUSIQUE NOUVELLE

et arrangée par M. Alfred PATUSSET

Airs Chantés dans la Revue

REPRÉSENTÉE POUR LA PREMIÈRE FOIS

à l'Eldorado de Lyon

Le 27 Juillet 1894

SIXIÈME MILLE

LYON
IMPRIMERIE LÉON DELAROCHE et Cⁱᵉ
10, PLACE DE LA CHARITÉ, 10

1894

Ah! la Gui.., la Gui..,
la Guillotière!

COUPLET DE L'EPAULETTE

Chanté par Mlle **Derma** et **M. Bécaert**

— Air : *Ma Petite Julie* —

LA NOURRICE

T'as l'air distingué, c'est certain,
Et bien que tu sois libertin,
De ta moustache je raffole
Et près de toi je me sens folle.
Mais ton épaulett', c'est piteux !
Pour mon amant il m'en faut deux :
Un' seul' ça me rend maladroite,
Surtout quand on la porte à droite.
Bel adjudant !...

L'ADJUDANT

    Ma p'tit' poulette !

LA NOURRICE

Si ma gentill' personn' te plait,
Arbor' ta seconde épaulette
Et montr' que t'es homme complet.

Il n' suffit pas d'être troupier,
De prendre feu comme un pompier,
D'avoir bon œil, d'avoir bon pied.
Un signal'ment sur le papier,
Un tas de sign's particuliers,
De grand's moustach's, de p'tits souliers,
Faut encore avoir son compt' juste.
    Mon p'tit Auguste !

COUPLETS DU CAMELOT

Chantés par M. Ransard

— Air de : *A. E. I. O. U.* —

I

L'autre année on érigea
e. i. a.
Un piédestal destiné
a. i. e.
A Jussieu tout près d'ici
a. e. i.
Il croqua longtemps l' marmot
e. i. o.
Enfin, il vient d' monter dessus
a. e. i. o. u.

II

Pour savoir le temps qu'il f'ra
Un cadran est installé
Plac' du Pont d'vant la mairie ;
Mais quand l'aiguille est au beau,
On reçoit d' l'eau sur le... dos.

III

Y a qu' le pavé z'en bois
Pour se faire écrabouiller.
Comme ça n' fait pas de bruit,
On est broyé par les chv'aux,
Sans avoir rien entendu.

IV

La laitière de Brindas,
Qui m' fournit mon déjeuner,
L'autre jour m'a fort surpris
En ne me versant que d'l'eau.
Son lait, ell' l'avait vendu.

V

Chez nous on n'est guèr' pressé
a. b. c.
Le monument d' la R. F.
d. e. f.
Vient pourtant d'être fini
g. h. i.
A l'av'nir un peu plus d' zèle
j. k. l.
Faut pas s' fiche de la Répu...
blique. *m. n. o. p. q.*

COUPLETS DE LA GUILLE

Chantés par Mlle **Damoye**

Air : *Le Voyage en Chine*

I

La Guille est un quartier charmant
Qui doit te plaire assurément (*bis*)
  Chaqu' fois qu'un' fillette,
  Montre un' jamb' bien faite,
  Sous ses blancs jupons,
  Ell' va, j'en réponds :
A la Gui... la Gui... la Guillotière (*bis*).

II

La Guill' de plus en plus grandit.
Chaque jour elle s'arrondit (*bis*).
  Tout le mond' travaille.
  Aussi la marmaille.
  Bonheur d' la maison.
  Pousse en tout' saison
A la Gui... la Gui... la Guillotière (*bis*).

III

La Guille a des attraits brillants.
C'est l' quartier des étudiants *(bis)*.
 Les étudiantes,
 Qui tout's sont savantes
 Parlent nuit et jour
 La langu' de l'amour
A la Gui... la Gui... la Guillotière *(bis)*.

IV

La Guille est un petit Paris.
On n'y voit qu' des minois fleuris *(bis)* :
 C'est l' jardin d' la France,
 Et j'ai l'espérance
 D' voir Lyon dans l' train
 Grâce à ce gai r'frain :
Ah ! la Gui... la Gui... la Guillotière *(bis)*.

COUPLET ET CHŒUR DU MARIAGE

Chantés par Mlle **Damoye** et Mlles **De Verly, Dermini, Morena** et **Calvière**

— Air : *Il pleut des baisers* —

On a dit que le mariage,
Bonnet de coton du ménage,
Etait l'éteignoir de l'amour,
C'est le contraire en ce beau jour.
La lune de miel les caresse,
Et fait sortir de leur paresse
Les maris tout ragaillardis.
On se croirait au paradis.

   Il pleut des baisers
   Sur nos lèvres mi-closes.
   Les amours blancs et roses
   En nous se sont grisés.
     Sous leurs ailes d'or.
   Notre cœur bat sans trêve
   Et comme dans un rêve
Nous répétons : Encor ! Encor !

COUPLETS DES CHIFFONNIERS

Chantés par MM. **Claudius, Legras, Vernay, Benezit**

— Air de *Fanfreluche* —

I

Nous somm's des hommes d'équeville,
Nous furetons dans chaque coin.
Nous n'allons jamais chez Charroin
Manger des glac's à la vanille,
Et nous inspectons les pavés
A l'heur' où sort'nt les décavés.
La plus brutale des mesures
Vient de nous ordonner de quitter nos masures.
   Sous prétext' d'assainir
   Ce quartier d'l'avenir,
Comme de vieill's grol's on veut nous bannir.

II

Nous voilà sur la voie publique
Sans les cinq ronds du Juif Errant,
Forcés d' coucher sous l' pont Morand
Ou dans la ru' d' la République.
Nous préférons dormir ailleurs
Car nous sommes des travailleurs.
Pauvres chiffonniers que nous sommes.
Pour aimer le chiffon on n'en est pas moins hommes
Et vous, bourgeois, sachez
Qu'en prenant vos déchets,
Nous ne vivons jamais qu'à nos crochets.

CHŒUR DES GARDIENNES DE LA PAIX

— Air : Chœur de *Suzette* —

Nous somm's de la police
Et, grâce à notre malice,
On n' trouve plus de voleurs.
Y a qu' des cambrioleurs.
Quand il s' commet un crime.
On découvr' la victime
Et quelqu'fois l'assassin.
S'il s'fait prendre à dessein.

COUPLETS DES GARDIENNES DE LA PAIX

Chantés par **M. Favart, Mlles Derma, Carbet,
Pasquetti, Vachet, Chabrut**

— Air de *Mademoiselle, écoutez-moi donc!* —

LA BRIGADIÈRE

Philomèn', que direz-vous donc
Quand vous longerez les quais de la Saône,
Philomèn', que direz-vous donc
En voyant un couple en plein abandon?

PREMIÈRE AGENTE

Mes p'tits agneaux, n' vous gênez pas,
Faites comm' chez vous, y n' passe personne,
Mes p'tits agneaux, ne vous gênez pas,
Faites comm' chez vous, je fais les cent pas.

LA BRIGADIÈRE

Cunégond', que direz-vous donc
Si vous rencontrez au coin d'une rue,
Cunégond', que direz-vous donc
Si vous rencontrez, l' soir, un vagabond?

DEUXIÈME AGENTE

J' l'interpellerai sans retard,
Et si par son r'gard je me sens émue,
J' l'interpellerai sans retard,
Et je le mettrai dans mon doux plumard.

LA BRIGADIERE

Basilid', que lui dites-vous,
Si sur le trottoir vous voyez un' biche,
Basilid', que lui dites-vous,
Si sur le trottoir ell' fait les yeux doux?

TROISIÈME AGENTE

Je n' quitt' pas de l'œil son chignon,
Guettant le moment où l' commerce biche,
Je n' quitt' pas de l'œil son chignon,
Et lui soufil' le typ' qu' a le plus d' pognon.

LA BRIGADIÈRE

Séraphin', que direz-vous donc,
Devant un flagrant délit d'adultère.
Séraphin', que direz-vous donc,
Si dans l' lit d'un typ' v' pincez un tendron ?

QUATRIEME AGENTE

Au mari, d'un ton goguenard,
J' dirai mon p'tit, y a plus rien à faire.
Au mari, d'un ton goguenard,
T'auras de la chanc' puisque t'es cornard.

LA BRIGADIÈRE

Euphrosin', que direz-vous donc
En apercevant sur l' bas-port du Rhône.
Euphrosin', que direz-vous donc
En voyant un homme à cacaboson ?

LE COMPERE

Montrez vos papiers !... Vous n'en avez pas !...
Prenez celui-ci, d' grand cœur j' vous l' donne.
Montrez vos papiers !... Vous n'en avez pas ?...
Tiens ! C'est le menu d' mon dernier repas.

COUPLETS DE L'HOTEL DES DEUX CHÈVRES

Chantés par **MM. Legras, Parenti, Vernay** et **Bécaert**

— Air de *L'Enterrement de Belle-Maman.* —

TROUILLEPOT

Je suis aveugl', cristi, qu' c'est bêt' !
J' n'ai jamais vu l' *Coucher d'Yvett'* !

MOUCHEBRAISE

Moi, des manchots j' suis l' doyen.
Pour me moucher y a pas moyen.

BLAGUAMORT

Je suis sourd, et par d'ssus l' marché
Je suis muet comme un brochet.

GUILLEMBOIS

Ah ! Plaignez mon malheureux sort.
J'ai pas plus d' jamb's qu'un hareng saur.

TOUS

Ça ne fait rien, on s' fich' de tout
    Trou la laïtou *(bis)*
Pour nous, jamais de mort' saison
    Et zon, zon, zon *(bis)*
Notre hôtel est toujours bondé.
  Gai, gai, gai, larira dondé
Et nous chantons tous comme ça :
    La rifla, fla, fla.

COUPLETS DU TRAMWAY ÉLECTRIQUE

Chantés par Mlle De Verly

— Air du *Pont des Soupirs* —

I

Tout le long des quais ombreux
Prenant des voyageurs nombreux.
   J' les roule, roule, roule, roule, roule,
Et dans le ravissement
Mon voyag' délicieus'ment
   S'écoule, coule, coule, coule, coule.
Pour êtr' roulé c'est quatr' sous. } *bis*
Allons, messieurs, montez-vous? }

II

On en a pour son argent,
Aussi faut-il me voir chargeant
   La foule, foule, foule, foule, foule.
Tout l' temps je suis au complet.
Tu peux toucher si ça t' plait
   Vieill' moule, moule, moule, moule, moule.
Pour êtr' roulé c'est quatr' sous, } *bis*
Allons, papa, montez-vous? }

COUPLET DE LA GRÈVE DU GAZ

Chanté par M. Favart

Quand le public s'est mis en grève,
Qu'à ta porte il a pété sec,
En cauch'mar s'est changé ton rêve,
Ça t'a fermé de suit' le bec.
Devant ce chambard légitime
Ton chef s'est fondu comm' du sel;
A cette innocente victime
Dressons une statue *Ancel*.

SCENE DU GAZ

Chantée par Mme **Bassy** et **M. Ransard**

— Air : de *Ah ! mes Enfants* —

LA COMPAGNIE ET L'ACTIONNAIRE

Le gaz autrefois était maître partout.
Je l' vendais très cher, y m' coûtait rien du tout.
        Ah ! mes enfants !
C'était un plaisir d'exploiter l' commerçant,
Je touchais alors cent cinquant' pour cent,
        Ah ! mes enfants !
J' traitais l'abonné comme un simple valet,
Et j'étais tout l' temps à trair' ma vache à lait,
        Ah ! mes enfants !
Quell' vach' étonnante et quel beurre épatant,
Plus on le battait, plus il payait comptant !
        Ah ! mes enfants !
Il payait tout, tout, le gaz et l' compteur,
Les becs, les tuyaux, les fuit's et l' directeur,
        Ah ! mes enfants !
Pour un bon payeur, c'était un bon payeur,
Cet animal-là payait mêm' mon tailleur ;
        Ah ! mes enfants !
Les temps sont changés, le gaz n'est plus le gaz,
Nous ne l' vendons plus, nous le donnons, hélas !
        Ah ! mes enfants !
Je n'en finis pas d' me fair' du mauvais sang,
Ça m' ras' de toucher quatre-vingt-quinz' pour cent,
        Ah ! mes enfants !
L'abonné rejimb', mont' sur ses grands chevaux,
Il se met en grèv' pour imiter les veaux,
        Ah ! mes enfants !
Il fait du pétard, allume son quinquet
Et dans les journaux, grâce à lui j'ai trinqué,
        Ah ! mes enfants !

**Du matin au soir il était excité,
Il lâchait le gaz pour l'électricité,
   Ah! mes enfants!
Enfin il m' déchaîn' l' conseil municipal,
Mais il pai' tout d' même, et c'est le principal,
   Ah! mes enfants!**

Dans cette affair'-là tout l' monde s'est emballé,
Mais c'est l' bon public qui s'est trouvé roulé,
   Ah! mes enfants!

LA GUILLE

C'est toujours comm' ça depuis les temps passés.

LE COMPÈRE

Il finira bien par en avoir assez,
   Ah! mes enfants!

✦

COUPLETS DE LA CYCLISTE

Chantés par Mlle Carbet

— Air de la *Corde sensible*. —

I

Ma machine est un' merveille,
Elle ne se rouill' jamais ;
Et ma joie est sans pareille
Quand devant les homm's charmés.

   Je pédale, je pédale,
   Rien n'égale mon entrain ;
   Je m'emballe, je m'emballe
   Et je march' toujours bon train.

II

Maintenant je suis en formes,
Aux blancs-becs je montr' les dents :
J'ai fait des progrès énormes
Et sans craint' des accidents.

   Je pédale, je pédale, etc.

III

Lorsqu' je trouve un beau cycliste,
Je l' choisis comme entraîneur,
Et sur route ou bien sur piste,
Je le conduis au bonheur.

Je pédale, je pédale, etc.

IV

Quoiqu' léger' je suis très sage,
Mais, hélas ! l'ai-je rêvé,
Pendant mon apprentissage,
Mon pneumatiqu' s'est crevé.

Je pédale, je pédale, etc.

COUPLETS DE LA GUILLEMOCHE

Chantés par **MM. Caillaux, Legras, Bécaert, Vernay, Parenti, Benezit**

— Air : *Les Fils de Châteauneuf* —

I

Nous sommes les Guillemochains,
Coiffés de nos beaux galurins,
Toujours rupins.
Nous allons en ballade.

II

A nous la joie et les festins,
La bonne fripe et les bons vins,
Les gais refrains.
Vive la rigolade !

COUPLETS DE LA GRANDE COUPOLE

Chantés par Mlle de Verly

— Air de *Pepaul* —

J' suis la grande Coupol'
D' la grosseur j'ai l' monopol' } *bis.*
Aussi je me pouss' du col,
Et de mon succès j' suis foll'

I

J' suis fièr' de ma charpente
Et de ma grand' hauteur,
J' vois celui qui m'arpente
Suer comme un facteur.
D'un regard il m'embrasse
Quand il a fait un tour.
Puis il demande grâce.
Et... s'arrête tout court.

II

D' tous côtés on s' m'arrache
Et ça fait mon orgueil ;
Mais il faut qu'on le sache,
J' n'expose rien à l'œil ;
Les exposants qu' je lance
Sont tous des typ's rupins ;
J' les fais payer d'avance.
On n' m'expos' pas d' lapins.

COUPLETS DES ÉTUDIANTS

Chantés par Mlles **Derma, Carbet, Pasquetti, Derminy, Chabrut, Morena, Vachet**, etc.

— Air : du *Boul' Miche* —

LES ÉTUDIANTS

Nous somm's les gais étudiants,
Aimant l'amour et le bon temps ;
Nous poursuivons les belles filles
Sur l' pont pont, sur l' pont de la Guille.

LES ÉTUDIANTES

Nous avons le corps fait au tour,
Nous sommes faites pour l'amour,
La gaité dans nos yeux pétille,
Sur l' pont pont, sur l' pont d' la Guille.

TOUS

Sur l' pont de la Guille,
Y a de l'anguille
Qui fait de l'œil en passant
Au joyeux étudiant ;
Y a de bell's filles,
Qui tirent l'aiguille,
Faut pas leur parler d'amant,
Quand ell's aim'nt leur maman, leur p'tit' maman.

LES ÉTUDIANTS

Nous secourons les malheureux,
Nous donnons des fêtes pour eux,
On ne voit que de joyeux drilles
Sur l' pont pont, sur l' pont d' la Guille.

LES ÉTUDIANTES

On aime tant l'humanité,
Qu'on fait l'amour par charité.
Tout l' temps nous montrons notr' cheville
Sur l' pont pont, sur l' pont d' la Guille.

ENSEMBLE

Sur l' pont de la Guille, etc.

COUPLETS DU PÈRE LA PUDEUR

Chantés par **M. Ransard**.

— Air de *La Lisette*. —

I

Je suis très haut sur ma cravate,
Je marche comme un sénateur,
Et je professe, amis, oui, je m'en flatte,
Qu'un bon doyen doit faire un bon recteur.
Malgré le ton de ma parole austère,
Il m'arriva, je m'en souviens toujours,
De faire aussi vibrer dans le mystère,
L'écho joyeux de mes folles amours.

Comme vous, mes amis,
D'une femme charmante,
Délicieuse amante,
Souvent je fus épris.
Ce souvenir m'enchante.
Et je sens tressaillir
Mon cœur au souvenir
D'une femme charmante.

II

Oui, si dans ma prime jeunesse,
Plus d'une fois j'ai cascadé,
Je sus toujours contenir mon ivresse ;
Mon verre plein n'a jamais débordé.
J'ai dans le cœur des souvenirs fidèles,
Mais sachez bien que nous, les vieux briscards,
Nous sûmes tous, sans être des modèles,
De nos transports modérer les écarts.

Comme vous, mes amis, etc,

COUPLETS DE L'INAUGURATION

Chantés par **M. Favart**.
— Air de *En revenant de la revue !* —

I

Nous étions plus d' six cents mâchoires
Dans le palais d'Beni-Bouff tout,
On y trouvait tout' s sort's de poires
Et des gross's légum's de partout.
Fallait voir boulotter tout c' monde,
Du plus grand jusqu'au plus petit.
Ce qu'ils s'emplissaient la rotonde !
Ah ! mes enfants, quel appétit !
 Y avait des sénateurs,
 Des moul's et des primeurs.
Une brochett' de sous-préfets.
Y avait des pieds d' cochon truffés,
 Y avait des Arbicos,
 Y avait des z' haricots,
 Puis une séri' d' fricots
A s'en fair' péter le coco.

 Ah ! quel banquet !
Quel plumet ! Quel bouquet !
Ce que l'on a trinqué,
 Sans fair' de pose.
 A la santé,
A la prospérité
De notre bell' cité.
 Et d' son Expose.

Les gros bonnets de la Coupole
Représentaient les exposants,
Et grâce à quelqu' bon coup d'épaule,
Beaucoup d' petits étaient présents.
Ils étaient d'un' gaité parfaite,
D'un' bonne humeur bien de saison,
Et, pour corser l'éclat d' la fête,
Chacun s' mettait au diapason.
   L'exposant d' Chaponost
   M'appelait vieux fourneau ;
L'exposant de Rochecardon
Chantait la *digue, digue, don ;*
   L'exposant de Brindas
   Mettait les pieds dans l' plat,
   Et celui d' Vénissieux
S' fourrait d' la sauce plein les yeux.

    (Refrain.)

II

Comm' pouss' café nous nous payâmes
Un' visite au village noir ;
C'est là qu'on voit des p' tites femmes
Qui se balladent sans peignoir.
Ces moricaud's, quoi qu'on en dise,
N' laissent jamais rien au hasard,
On peut juger d' la marchandise,
Car elles montr' nt tout le bazar.
   L'une montrait son bassin,
   Une autr' le bout d' son sein,
La troisièm' montrait son fémur,
Pour la bagatell' j'étais mûr,
   Si bien qu'après l' gala
   J' dansais la bamboula,
   Aux accords d'un' guzla,
Avec un' femme en chocolat.

    (Refrain.)

SCÈNE DE LA GIGOLETTE

Chantée par Mlle **Bassy**.

— Air de *La Gigolette !* —

I

J' fis connaissance en ru' Luizerne
  D' mon premier amant,
Moi j'habitais en ru' Lanterne
  Avec ma maman ;
Il me promit beaucoup d' galette
  Et le conjungo,
Et je devins la gigolette
  De ce gigolo !
Il me suivait, pauvr' créature,
Avec sa casquette à trois ponts,
Il guettait de loin mes jupons,
Et quand j' rentrais sans... garniture,
Il m' flanquait des pains sur la hure.

II

Moi j' l'adorais comme une bête,
  J' l'avais dans le sang,
Et quand j' taillais une bavette
  Avec un passant,
Je me r'tournais pour prendr' d' la force
  Dans son r'gard qui luit,
Et quand je lançais mon amorce,
  Je pensais à lui.
Il m'a quitté' pour un' morue
Un' vulgair' fille de trottoir,
En vain j' l'appell' matin et soir ;
Pauvr' gigolett', je suis perdue !
Mon typ' m'a plaqué' dans la rue...

LE COMPÈRE ET LA COMMÈRE

Un beau soir,
Sur le trottoir,
Elle nous est apparue
Sans chapeau
Ah ! la peau,
La pauv' fille elle est perdue,
Son typ' l'a plaqué' dans la rue.

RONDEAU DE LA TOUR EIFFEL

Chanté par Mlle **Derminy**.

— Air de *Mimi* —

I

Plongeant dans l'espace,
Où l'oiselet passe,
Le regard embrasse
Un cercle infini.
Là-bas, la montagne,
La verte campagne,
Pays de Cocagne,
Du soleil béni !
   Plus loin encore
   Lorsque l'aurore
   De feux colore
   Le ciel troublant.
Dans l'apothéose
De l'aube mi-close,
Admirable chose,
On voit le Mont-Blanc !...

II

Puis, si l'œil s'incline,
A mes pieds décline
La sainte colline
Pleine de clarté ;
C'est sur cette pente,
Toujours imposante,
Que planta sa tente
L'antique cité.
   Très paresseuse,
   Mais amoureuse,
   La Saône, heureuse,
   D'amour se fond,
Quand le Rhône touche
Le coin de sa bouche,
Et lorsqu'il la couche
Dans son lit profond.

III

La ville s'éveille,
Et, comme la veille,
C'est une merveille
Digne d'un pacha !
D'un coup d'œil on note
Vaise et la Grand'Côte,
Et le fort Lamothe
Tout près de Montchat.
   Tandis qu'il plane,
   Le regard flâne
   De Villeurbanne
   Jusqu'au Mont-Thou.
Et toujours en quête,
Par droit de conquête,
Il fait une enquête
Autour du Grand-Trou.

ENTRÉE DES RÉGISSEUSES

Chantée par Mlles de Verly, Derma, Carbet,
Pasquetti, Morena et Chabrut.

— Air des *Gardes Municipaux* —

Nous somm's les régisseuses
    Du proprio,
Nous sommes des farceuses
    Plein's de brio.
Tous le long du bitume,
Soir et nuit nous cherchons
Le client qui s'allume
A nos yeux folichons.

— Air de *Cousin Cousine* —

A louer de suite aux Brotteaux,
A Vaise, à Perrache, aux Terreaux,
Petits appartements très beaux,
    Oh ! Oh !
C'est un véritable cadeau,
Quand on a tiré le rideau,
Tranquill'ment on peut fair' dodo
    Oh ! Oh !
C'est nous mêm's qui faisons les baux.
    Oh ! Oh !
Tout's nos chambr's ont des lavabos
    Oh ! Oh !
Nos cuisin's toutes des fourneaux.
    Oh ! Oh !
On n'entend jamais de pianos.
    Oh ! Oh !

COUPLET DES POMPIÈRES

Chanté par Mlles **Derminy, Chabrut, Calvière** et **Martina**

— Air : *Ça fait toujours plaisir*. —

En vain, par téléphones,
Nous crions d' tous côtés :
　Allo ! de l'eau !
Nous crions d' tous côtés ;
Nous en dev'nons aphones,
Et somm's asticotés
　Par l'eau, par l'eau,
Nous somm's asticotés.
Notr' pompe est toujours vide,
Pour l'empêcher d' moisir,
Nous pompons sans liquide,
Ça fait tout d' mêm' plaisir.
　Pompons, pompons,
Ça fait tout d' mêm' plaisir.

COUPLET DES SIRÈNES

Chanté par Mlles **Derma, Carbet, Vachot** et **Reynard**

— Air : *Ça fait toujours plaisir !* —

Vain'ment notre fontaine
Réclam' depuis longtemps
  De l'eau, de l'eau,
Réclam' depuis longtemps,
Pas la pein' d'êtr' sirène,
S'il faut crier tout l' temps :
  De l'eau ! de l'eau !
S'il faut crier tout l' temps,
Rien ne vaut un' bonn' douche
Pour exciter l' désir ;
L'eau m'en vient à la bouche,
Ça fait toujours plaisir,
  De l'eau, de l'eau,
Ça fait toujours plaisir !

ENTRÉE DES ABONNÉES

Chantée par Mlle **de Verly, Pasquetti, Moréna** et **Angèle**

— Air : *Pour vingt-cinq Francs* —

Pour trent' six francs *(bis)*
Pour trent' six francs cinquante,
On donne à l'abonné
Un joli robinet ;
  Pour trent' six francs *(bis)*
Pour trent' six francs cinquante,
On nous doit d' la bonne eau,
Oui, mais, *macach bono !*

COUPLET DE LA COLONNE DES EAUX

Chanté par M== **Patty-Buin**.

— Air : *Si les femmes savaient*. —

Allons, mesdam's les abonné's,
　　Pas tant d'colère,
Vous n'allez pas m' manger le nez
　　Pour ça, j'espère.
Si dans mes robinets à sec
　　L'eau se dérobe,
Pas de craint' d'absorber avec
　　Le moindr' microbe.

Si l'abonné' voulait comprendre
Que j'envisag' son intérêt,
A ce pauvr' petit robinet,
Elle cesserait de s'en prendre ;
Moins souvent elle l'ouvrirait,
Et la Franc' se repeuplerait
Si l'abonné' voulait comprendre !

COUPLET DES ABONNÉES

Chanté par Mlles **de Verly, Pasquetti, Morena, Angèle**.

— Air : *Ça fait toujours plaisir*. —

Pour faire notr' popotte,
Il nous manque toujours
　　De l'eau, de l'eau,
L'eau nous manque toujours :
Et ça nous asticote
De crier nuit et jour :
　　De l'eau ! De l'eau !
Nous crions nuit et jour.
P'tit' bourgeoise ou princesse
Il faut nous rafraichir,
Quand l'eau coule sans cesse,
Ça fait toujours plaisir ;
　　De l'eau, de l'eau,
Ça fait toujours plaisir.

COUPLETS DU VIN

Chantés par M. Renard

— Air de *La Boiteuse*. —

I

Le vin, c'est le sang de la terre,
Et, comm' Pierr' Dupont l'a chanté,
Ils n'en ont pas en Angleterre,
Et vous m'en voyez enchanté.
Ce nectar est une merveille,
Nous lui devons tous nos succès.
Car c'est grâce à lui que s'éveille
La verve de l'esprit français.

REFRAIN

Versons, amis, et buvons à plein verre
Le rouge et le blanc, mais jamais d' la bière.
Du pèr' Noé savourons le cadeau.
Surtout n'y mettons pas d'eau ! pas d'eau ! pas d'eau !
   Et célébrons le jus divin
   Du vin, du vin, du vin.
   En répétant ce gai refrain :
   Qui met tous les cœurs en train.
      Vive le vin !

II

Pour dissiper l'humeur morose,
Les vins d' Franc' n'ont pas leur pareil :
Ils nous font voir la vie en rose
Et nous mett'nt au cœur du soleil.
Le travailleur qui se surmène
Se sent plus libre et plus joyeux
Lorsqu'à la fin de la semaine
Sa bouteill' lui fait les doux yeux.

SCENE DES BOULES

Couplets des *Gueux* (1).

Chantés par Mme Bassy.

Et quoi ! Vous, joueurs de boules,
Dont l' courage est infini,
Vous tremblez comme des poules,
Quand on parle de Fanny.

    J' suis la Fanny ;
    Quand tout est fini,
    On fait un mimi
    A la Fanny.

On voit bien à vos manières,
A votre peur d'y penser...
Que vous ignorez, mes frères,
Le bonheur de m'embrasser...

    J' suis la Fanny, etc.

LA GUILLE

Ne faites pas tant la mine,
Vous là-bas qui m'écoutez ?
Car, voyez-vous, je devine,
Que souvent vous y goûtez !

    J' suis la Fanny, etc.

LE CHAMPION LYONNAIS

Voyons, lorsque cette brune
Vous regarde en se penchant
Pour vous faire voir la lune,
Non ! rien n'est plus alléchant.

    Fanny ! Fanny ! etc.

---

(1) Ces couplets sont de M. E. Darmet, qui les a composés pour le concours de boules du *Lyon Républicain*.

AIR : LA SUL...

LE COMPÈRE

Dans le beau siècle où nous sommes,
Si fertil' en étonn'ment,
La Fanny pour certains hommes
Est un vrai plat de gourmand.

  Fanny ! Fanny !
  Trésor infini... ⎫
  Laisse moi, nini, ⎬ bis.
  Prendre un mimi... ⎭

TOUS

O Fanny, tu peux m'en croire,
Pour t'embrasser dans un coin,
Si ce n'était pour la gloire,
Je ne ferais pas un point,

  Fanny ! Fanny ! etc.

COUPLET FINAL

La Guille est un quartier charmant,
A l'Eldorado maintenant
Vous reviendrez assurément.
   C'est là qu'on rigole
   Et qu'on batifole
   Du soir au matin,
   Chantez c' gai refrain :
Ah ! la Gui... la Gui... la Guillotière ! *(bis)*.

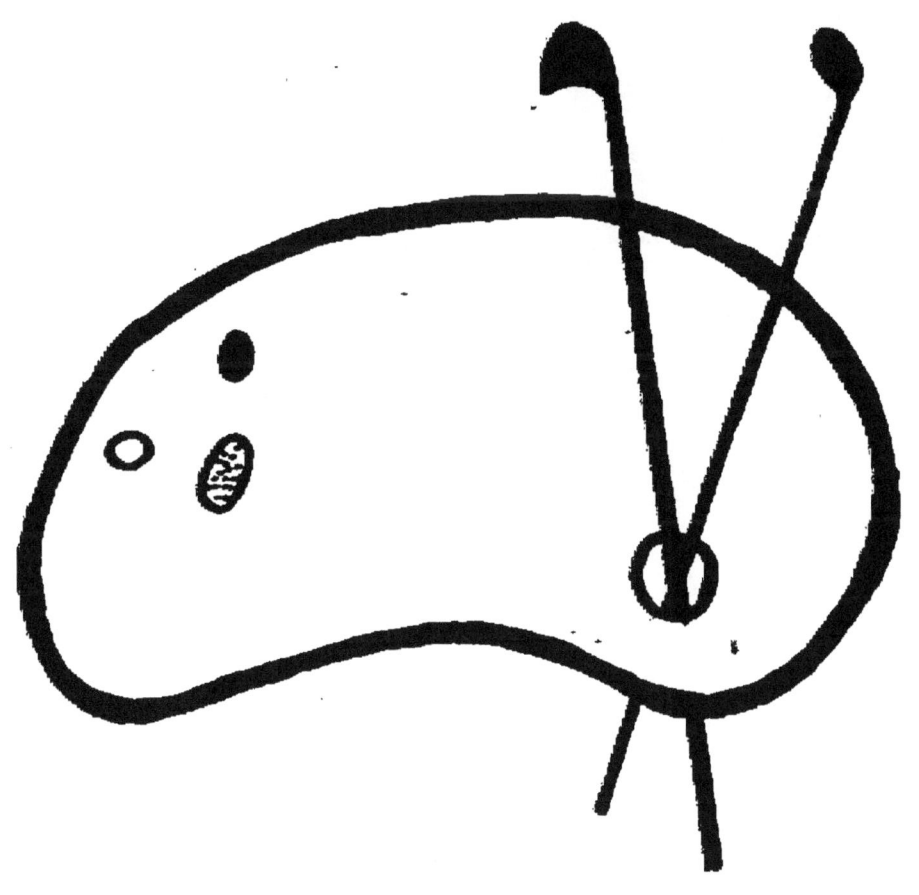

ORIGINAL EN COULEUR
NF Z 43-120-8

www.ingramcontent.com/pod-product-compliance
Lightning Source LLC
Chambersburg PA
CBHW060646050426
42451CB00010B/1222